LES

POTENTATS

DU NÉGOCE

ET LE POUVOIR

PAR

UN PETIT COMMERÇANT

Prix : **15** Centimes

PARIS
LIBRAIRIE CONTEMPORAINE
77, RUE SAINT-LAZARE, 77

1888

LES POTENTATS DU NÉGOCE

ET LE

POUVOIR

LES
POTENTATS
DU NÉGOCE
ET LE POUVOIR

PAR

UN PETIT COMMERÇANT

Prix :

PARIS

LIBRAIRIE CONTEMPORAINE

77, RUE SAINT-LAZARE, 77

1888

LES POTENTATS DU NÉGOCE

ET LE

POUVOIR

Un état ne peut se soutenir si ses sujets ne le soutiennent, de cette nécessité il résulte *une obligation* naturelle aux sujets de *toute condition* de contribuer *à proportion de leur revenu* ou de *leur industrie*, sans qu'aucun d'eux s'en puisse raisonnablement dispenser.

VAUBAN.

Le dépérissement du commerce et de l'industrie augmente tous les jours dans des proportions qu'on peut qualifier de terribles, compromettant même les intérêts de l'Etat et des Communes, car, de jour en jour la perception des contributions de toute nature devient plus difficile et le contribuable qui, jusqu'alors avait payé régulièrement, ne paie plus que harcelé par le percepteur, et souvent en laissant en souffrance, soit le loyer dû au propriétaire, soit la facture d'un fournisseur qui veut bien être complaisant moyennant un fort escompte.

Ils luttent désespérément les malheureux contre les accapareurs du commerce qui les ruinent, en fabriquant et en vendant eux-mêmes, système qu'ils peuvent mettre en pratique, grâce aux capitaux énormes dont disposent leurs organisations plus financières que commerciales.

Tous ces travailleurs modestes, petits commerçants et industriels n'ont-ils pas demandé depuis longtemps la revision de la loi sur les patentes, l'impôt progressif suivant le nombre de commerces ou d'industries exercés, ou d'autres mesures les protégeant et établissant une juste balance entre les contributions à faire supporter aux grands et aux petits.

Céla ne serait pas un attentat à la liberté, comme le prétendent certains de nos adversaires, car la liberté de tout honnête hommé finit où commence celle de son voisin, et nous demandons à tous ceux qui nous combattent de bonne foi si, la liberté, dont usent les monopoleurs qu'ils défendent, n'empiète pas sur la nôtre.

Ce que nous tenons à faire ressortir, c'est l'inaction du pouvoir devant une pareille situation.

Que font, en effet, nos législateurs pour cette intéressante multitude d'industriels, de commerçants et d'ouvriers qui sont la vitalité même du pays et qui se plaignent avec tant de raison depuis déjà de longues années, de la concurrenco désastreuse que leur font les grandes maisons accapareuses ?

Que font-ils pour donner satisfaction aux

réclamations légitimes de gens qui pensent que dans un état démocratique, les obligations doivent être proportionnées aux droits? Rien, absolument rien !

Ils n'ont qu'un but, se ranger du côté des riches, c'est-à-dire des puissants, des possesseurs de l'or, de toute la bande juive ou catholique qui accapare criminellement la richesse nationale.

Ils savent que l'organisation économique telle qu'elle est, fait végéter les masses et est tout à fait contraire au progrès et aux besoins actuels, puisque quelques financiers ont le droit inouï d'accaparer et d'être les dispensateurs du travail de tout un peuple.

Quelles sont les raisons inavouables qui peuvent les engager à soutenir ou au moins à ne pas combattre une semblable organisation, car ils n'ignorent pas la gravité de la crise qui ruine le pays et menace de devenir un péril national ?

Il ne faut pas parler de la Commission des 44 qui fit tant de bruit en son temps et qui n'a rien fait que nous prouver qu'une agglomération d'incapables, ne pouvait pas plus créer ou modifier qu'un incapable tout seul.

La responsabilité de nos gouvernants est bien grande, qu'ils y songent, car si le commerce souffre et périclite, ce sont eux qui l'ont mis en cet état par leur entêtement à ne point vouloir s'occuper des réformes économiques les plus urgentes, les plus vivement réclamées par l'opinion. Cela vaudrait mieux pourtant que de perdre leur temps qui appartient au pays à discuter sur des questions politiques oiseuses, quand ce n'est pas sur des questions d'intérêt personnel.

Un député, M. Barodet, croyons-nous, a

demandé il y a plusieurs années, que les pro-
grammes de tous les députés fussent réunis en
un recueil. Si ce travail a été fait, il doit être
curieux à consulter à la fin de chaque session
afin de comparer les votes émis par tous ces ho-
norables pendant leurs soi-disant travaux avec
les engagements pris vis-à-vis des électeurs.

On verrait le cas qu'ils ont fait et qu'ils font
des promesses d'antan pour le bonheur et le
bien-être du peuple, de toutes ces réformes pro-
mises, de ces questions de travail à faire discuter d'urgence. On aurait là la preuve de la
trahison la plus indéniable.

Ces gens le prouvent, ils ne sont bons qu'à
faire de la politique et souvent de la mauvaise
politique ; quant aux questions d'affaires, ils n'y
connaissent rien pour la plupart et la minorité
qui y connaît quelque chose ne veut point s'en
occuper.

Ils se partagent en trois sortes qu'on pourrait estampiller : Incurie, Mauvais vouloir, Incapacité.

Si nos vaillants pères de 89 sortaient de leurs tombes, ils répudieraient hautement ces hommes qui osent se dire leurs fils et s'inspirent si peu de l'esprit de la déclaration des Droits de l'homme, laquelle contient l'article suivant qui a été dicté aux représentants du peuple d'alors par le sentiment de justice le plus élevé et le plus noble :

« Pour l'entretien de la force publique et pour
« les dépenses d'administration, une contribution
« commune est indispensable ; *elle doit être*
« *également répartie entre* TOUS *les citoyens* EN
« RAISON DE LEURS FACULTÉS. »

L'époque qui nous a légué ce document sublime a été le point de départ de progrès que nul ne pourra arrêter, et ce serait non seulement ne pas progresser, mais nous rejeter en arrière de 1789, que de supporter sans mot dire l'accaparement qui se poursuit de nos jours de la fortune de tous par quelques-uns.

C'est dans cet abandon des principes démocratiques les plus élémentaires, c'est dans cet oubli des devoirs des mandataires du peuple vis-à-vis de leur mandant qu'il faut chercher la cause de la stagnation des affaires et de l'état de surexcitation des esprits.

Le peuple ressent la misère présente et appréhende la misère future, il s'affole, perd la notion du juste croit aux paroles d'espérance que lui débite le premier hableur venu, et comme le malade qui a consulté successivement plusieurs esculapes impuissants s'adresse à n'importe quel charlatan.

Quant la masse se trouve dans un pareil état d'esprit, il y a toujours des intrigants qui en tirent parti, agiotent sur la détresse générale et offrent leur ours aux besoigneux qui souffrent. — Autrefois l'ours était un Bonaparte, maintenant ce n'est plus qu'un Boulanger.

Car il ne faut pas se le dissimuler le boulangisme est né de cet affolement ou tout au moins de ce mécontentement général.

Parmi les législateurs qui actuellement combattent le boulangisme avec le plus d'énergie, nombreux sont ceux qui peuvent se dire qu'ils montent à l'assaut de la barricade qu'ils ont aidé à construire.

Il faut maintenant compter avec ce parti bizarre à la tête duquel se trouvent tant de propres à rien et de bons à tout, parce que dans un pays libre on compte avec tous les partis quels qu'ils soient, mais alors, que de temps perdu et à perdre en discussions tout à fait étrangères aux besoins du pays avant de prouver aux républicains égarés sous le drapeau boulangiste ce qu'ils ont à attendre de leur général et de ceux qui le conduisent?

Que nos peureux dirigeants, que nos législateurs couards, si partisans du *statu quo*, si effrayés de la perspective du plus petit des changements, craignant toujours pour leur vie, leurs fortunes, leurs fonctions, songent qu'il n'y a rien de tel que la misère, l'infortune pour lier les hommes, et les faire marcher la main dans la main contre l'ennemi commun, car nous voyons maintenant déjà des hommes autrefois ennemis se rencontrer et s'entendre, tels que petits commerçants et industriels, s'unissant aux employés et ouvriers révolutionnaires parce que tous ils souffrent et qu'ils croient voir dans la révolution violente, le seul moyen de sortir d'une situation misérable que n'ont pas voulu améliorer les pouvoirs publics malgré leurs plaintes justes et réitérées.

Qu'une monarchie soit monopolisatrice et affamante cela passe, car c'est dans son esprit, dans son principe, mais qu'une république se mette à ce niveau, c'est un non-sens.

Les injustices sans cesse renouvelées et entretenues ont creusé entre les potentats du négoce et les petits commerçants un abîme dans lequel les uns ou les autres doivent disparaître, nous le savons, et nous prévenons les puissants de la terre, que nous, les petits, c'est-à-dire le nombre, nous ne sommes nullement disposés à nous laisser anéantir.

Paris — Typ. et Lith. JULES DELORME, 32, R. Provence. — 1674